TOUJOU KÒT A KÒT

Yon ti esplikasyon sou egalite ant fi ak gason nan Bib la

Janet George

Tradiksyon an Kreyòl Ayisyen: Jean Luc Dessables

Kretyen pou Egalite Biblik
www.cbeinternational.org

*Dwa pou vèsyon orijinal la: STILL SIDE BY SIDE: A CONCISE
EXPLANATION OF BIBLICAL EQUALITY*
Copyright Janet George © 2012
Tradiksyon: Jean Luc Dessables
SE CHRISTIANS FOR BIBLICAL EQUALITY KI PIBLIYE LI
122 W Franklin Ave, Suite 218
Minneapolis, MN 55404-2451
www.cbeinternational.org

*STILL SIDE BY SIDE: A CONCISE EXPLANATION OF BIBLI-
CAL EQUALITY*
Copyright Janet George © 2009
SE CHRISTIANS FOR BIBLICAL EQUALITY KI PIBLIYE LI
122 W Franklin Ave, Suite 218
Minneapolis, MN 55404-2451
www.cbeinternational.org

ISBN-13: 978-0-9743031-7-8

Enprime nan Etazini Damerik.

---

[1] Nan vèsyon orijinal ann Angle a. (Nòt tradiktè a)

Sa ki genyen nan liv sa a:

Entwodiksyon

Lè m t ap etidye nan inivèsite, yo te mande m dirije yon atelye pou yon retrèt etidyan t ap fè pandan yon wikenn. Lè mwen di menaj mwen sa, li di m pa fè li paske Bib la di fi pa ta dwe anseye gason. Kidonk mwen pa t fè li. Nou tou 2 te vle obeyi Ekriti Sen yo jan nou te konprann yo. Mwen te ale nan atelye a kòm senp patisipan. Gason ki te ranplase mwen pou dirije li te yon bon moun, men li pa t yon bon pwofesè. Mwen sonje lide ki te pase nan tèt mwen: "Mwen santi sa k fèt la a se pa fin sa; gen yon pwoblèm la a." Ou vle konnen sa ki te pase ak menaj mwen? Mwen marye avè l! Epi men rès koze a:

Mwen marye ak Matt an 1978. Nan kòmansman vi nou ansanm, nou te panse Bib la anseye dwe genyen chèf nan kay ak nan legliz. Se gason ki chèf e se yo ki dwe pran desizyon enpòtan yo. Sa pa vle di nou te panse Bondye te bay gason plis valè pase fi, men gason ak fi genyen wòl respektif pa yo. Men, lè tan kòmanse pase, nou santi plizanplis sa nou te panse Bib la anseye pa t tonbe daplon ak eksperyans nou.

Depi lè sa a, nou jwenn yon pakèt tèks akademik ki prezante yon lòt pwennvi sou kesyon sa a. Moun yo rele Egalitaris yo kwè Bib la anseye egalite fondamantal ant tout kwayan. Tout kwayan gen dwa sèvi ak don Bondye ba yo, ni lakay yo, ni nan legliz, ni nan sosyete an jeneral. Sa vle di nenpòt pozisyon ministeryèl dwe baze sou don ak kapasite moun nan, men pa sou kesyon si se gason oubyen fi li ye. Epi anndan kay, tout granmoun dwe soumèt youn ak lòt, ankouraje youn lòt, pandan yo tout kapab pran wòl lidè tou.

Malgre sa, nou kontinye wè sitiyasyon kote gason ak fi rete limite akòz konsepsyon chèf. Lòtre jou, mwen te ale nan yon libreri Kretyen. Seksyon ki pou fi yo genyen liv sou chokola, espò ak dekorasyon. Seksyon pou gason yo genyen liv sou lidèchip, lajan ak nouvèl sou sa k ap pase nan moman an. Ki mesaj sa ap bay pitit gason ak pitit fi nou yo? Matt avè m te ale nan yon maryaj kote yo di soumisyon madan marye a vle di li dwe fè tout sa mari li di li fè, menm si misye an tò. E nou konnen yon ka kote yo te sispann bay yon koup misyonè lajan paske yo tou 2 t ap anseye.

Èske nou te konn sa. . .

- Pòl pa janm sèvi ak pawòl "chèf kay" nan Bib la.
- Ekriti Sen yo di nou dwe soumèt youn ak lòt, se pa fi sèlman ki dwe soumèt tèt yo devan gason.
- Pawòl "moun k ap ede"[2] ki dekri fi nan Jenèz, sèvi pou dekri Bondye tou.

An nou chache jwenn bon verite pou nou tout kapab sèvi Seyè Jezi kòt a kòt, nan libète total kapital!

---

[2] Oswa "ezè" tankou nan "Ebenezè". (Nòt tradiktè a)

Kreyasyon

Bondye di ankò, *"An n fè moun. N ap fè l pòtre ak nou,* pou li sanble ak nou. *L a gen pouvwa* sou pwason ki nan lanmè yo, sou zwazo ki nan syèl la, sou tout bèt yo gade, sou tout latè, sou tout bèt nan bwa, sou tout bèt ki trennen sou vant sou tè a. Bondye kreye moun. Li fè l pòtre ak li. Li kreye yo gason ak fi. Li ba yo benediksyon, li di. *Fè pitit, fè anpil anpil pitit* mete sou tè a. Donte tè a. Mwen ban nou pouvwa sou pwason ki nan lanmè, sou zwazo ki nan syèl la, ak sou tout bèt vivan k ap mache sou tè a." (Jen 1:26-28, se nou ki mete italik yo.)

Genyen 2 pozisyon otorite ki klè la a: otorite Bondye sou tout kreyasyon ak otorite moun (gason ak fi ansanm) sou tè a epi sou bèt yo. Depi nan kòmansman, pa te janm genyen yon entansyon pou gason genyen otorite sou fi. Yo pote pitit, yo leve yo ansanm, e yo genyen pouvwa sou tè a. Sa se yon gwo koze!

Seyè a, Bondye a, di ankò, "Sa pa bon pou nonm lan rete pou kont li. M ap fè yon lòt moun *sanble avè l pou ede l.*" (Jen 2:18, se nou ki mete italik yo.)

Anpil moun mal konprann pawòl "moun k ap ede," oswa "ezer" 2; yo panse li vle di Bondye te kreye fi pou yo sèvi e obeyi gason. Linda Belleville bay esplikasyon sa a: "Pawòl "ezer" la parèt nan 19 lòt kote ankò nan Ansyen Testaman an, e nan tout ka sa yo li toujou vle di èd sa ki pi fò a ofri bay sa ki pi fèb la, oubyen sa ki nan bezwen, tankou èd ki soti nan men Bondye, nan men yon wa,

K Bib la di Bondye te kreye fi pou yo ede mari yo. Kidonk li te kreye gason kòm chèf ki pou fè sa yo vle, pa vre?

R Bondye kreye gason ak fi pou yo ede youn lòt, yo genyen menm nivo responsablite pou wayom Bondye.

yon alye, oswa yon lame. Anplis, nan 15 pami 19 ka sa yo, èd sa a se Bondye sèlman ki kapab bay li (1). Pa egzanp:

Mwen leve je m, mwen gade mòn yo, mwen di—Ki bò m a jwenn sekou? Sekou mwen soti nan men Seyè a. Se li menm ki fè syèl la ak latè a (Sòm 121:1-2).

Pawòl "ki sanble avè l,"[3] oswa "knegdo," vle di fas pou fas, egal, oswa ki koresponn. Kidonk, yon "moun pou ede l ki sanble avè l" vle di yon asosye ki koresponn avè l nan tout aspè! Bondye te kreye fi a ak tout kapasite li te bezwen pou li akonpaye Adan, dekwa pou yo kapab akonpli misyon Bondye ba yo a. Bondye te kreye gason ak fi kòm asosye egalego, ak entansyon pou yo travay kòt a kòt.

Gen yon pawòl ki di: "Pouvwa konn kowonp moun; pouvwa total kowonp moun totalman." Mete yon moun (gason) nan pozisyon chèf li pa merite e san li pa genyen pou li rann okenn kont, se yon gwo danje. Bondye te konn sa. Se pou sa se yon patenarya li te kreye, pa yon sistèm chèf. Bondye te vle yon relasyon ant mari ak madanm kote youn rann lòt kont bon jan kòm sa dwa. Si nou ekate entansyon sa a epi nou mete yon sistèm chèf ak yon nechèl pouvwa an plas, sa ka malerezman mennen nan abi vèbal ak fizik. An nou kenbe sistèm orijinal la.

---

[3] Sa se tradiksyon Société Biblique Haïtienne sèvi nan Bib La, Edisyon 1999, nan nouvo òtograf la, dapre tèks Ebre ak tèks Grèk yo. (Nòt tradiktè a)

Chit la

Li di fanm lan, "*Lè w ap fè pitit, m ap fè soufrans ou vin pi rèd. W a gen pou soufri anpil lè w ap akouche. W ap toujou anvi mari ou. Men, se mari ou ki va chèf ou.* Apre sa li di Adan. Ou koute pawòl madanm ou, pa vre! Ou manje fwi pyebwa mwen te ba ou lòd pa manje a. Poutèt sa ou fè a, m ap madichonnen tè a. W a gen pou travay di toutan pou fè tè a bay sa ou bezwen pou viv. Tè a va kale tout kalite pikan ak pengwen ba ou. W a manje fèy ki pouse nan raje. Se swe kouraj ou ki pou fè ou mete yon moso pen nan bouch ou jouk lè w a tounen nan tè kote ou soti a. Paske, se pousyè ou ye, ou gen pou tounen pousyè ankò." (Jen 3:16-19, se nou ki mete italik yo).

Ni gason ni fi te patisipe nan Chit la. Akòz yo te chwazi peche, sa vin mennen konsekans sa yo: yon anviwonman ki pa dous, doulè akouchman ak dominasyon gason. Bagay sa yo pa lòd pou nou suiv pou nou mennen lavi nou. Okontrè, yo reprezante move konsekans peche ki te antre nan lemonn. Menm jan ak pikan ak pengwen nan jaden, yon mari k ap domine madanm li, se yon bagay pou nou retire epi depase, se pa yon bagay pou nou aksepte jan li ye a! Belleville bay esplikasyon sa a: "Entansyon Bondye se te yon patenarya, yon asosyasyon, yon pataj pouvwa egalego sou tè a, ansanm ak yon responsablite pataje egalego pou fè pitit, leve yo, epi travay tè a. Entansyon an pa t pou youn domine lòt... [sa se] yon move relasyon ki mache mal e ki soti nan dezobeyisans a Bondye" (2). Nou toujou sanse sèvi kòt a kòt.

K Sanble nan anpil kilti sou latè, se gason ki chèf. Èske se Bondye ki te kreye l konsa?

R Dominasyon gason te soti nan madichon ki te vini ak Chit la. Se yon bagay nou dwe rejte, non pa anbrase.

Youn nan Kris

Koulye a pa gen diferans ant moun ki jwif ak moun ki pa jwif, pa gen diferans ant moun ki esklav ak moun ki pa esklav, ant fanm ak gason. Nou tout nou fè yonn nan Jezikri (Gal 3:28).

Genyen moun ki di vèsè sa yo montre jan gason ak fi jwenn menm lanmou, jan yo gen menm valè e jan yo jwenn menm sali (yo egal youn ak lòt antanke moun ke yo chak ye), men yo jwe diferan wòl (kidonk yo pa egal nan wòl).

Genyen plizyè egzanp wòl ki gen obeyisans ladan yo, tankou pwofesè/elèv, oswa patwon/anplwaye, men fonksyon sa yo baze sou kapasite, e yo la pou yon tan sèlman, yo pa pèmanan. Elèv obeyi pwofesè anndan klas la àkòz kapasite pwofesè a, men se jis pou yon moman. Si elèv la genyen yon biznis kote pwofesè a anplwaye, y ap boukante wòl yo pa rapò ak obeyisans. Wòl toujou ap chanje, selon sitiyasyon ak kalifikasyon.

Men, jan Rebecca Merrill Groothuis te esplike li, obeyisans fi pa baze sou kapasite moun, li baze sou sa fi ye antanke fi, e li pa la pou yon tan sèlman, li la pou tout tan. Fi p ap janm ka soti ladan n. Sa depase inegalite nan wòl, sa se inegalite nan esans antanke moun. Le ou di fi dwe rete anba otorite gason san eksepsyon, kèlkanswa kapasite yo, epi an menm tan ou di fi ak gason gen

---

K Se vre Bondye renmen tout moun, e tout moun gen valè nan je li, men èske gason ak fi pa gen wòl diferan?

R Wòl ta dwe baze sou don, kapasite ak eksperyans, men pa sou sa moun nan ye antanke gason oswa fi.

menm valè, kidonk yo egal antanke moun ke yo ye, sa pa lojik (3).

Epi si ou gade byen, w ap wè vèsè sa a pa sèlman pale sou gason ak fi. Sa ta vle di yo ta ka defini wòl moun selon ras yo, oswa klas sosyal yo!

Pòl pa vle di nou tout idantik e pa gen diferans ant fi ak gason. Vèsè sa a montre ras, klas ak si yon moun gason oswa fi, pa gen rapò ak travay Kris. Li montre nou tout egal. Anpil vèsè nan Nouvo Testaman tou konfime tout kwayan egal nan esans (sa yo ye) e nan fonksyon (sa y ap fè): Jan 17:20-23; Wòm 12:4-5; 1 Kor 12:12-14; Ef 4:4-8, 11-13.

Legliz dwe sèvi kòm modèl pou inite nan monn sa a ki divize. Nenpòt pawòl, nenpòt konpòtman, nenpòt regleman ki ta ka vle di fi gen "mwens valè" pase gason nan nenpòt fason, sa mete tach sou egzanp lanmou Bondye genyen pou tout moun, ke nou vle montre a.

K Fòk gen yon moun ki pou pran desizyon. Èske li pa natirèl pou gason fè sa?

R Pou rezon kontwòl, e pou pran avantaj sou konesans ak eksperyans, otorite pou pran desizyon dwe pataje.

Men, nan lavi n ap mennen ansanm ak Seyè a, fanm bezwen sèvis gason, gason bezwen sèvis fanm. Paske, menm jan se avèk moso kò yon gason Bondye te kreye fanm, konsa tou se nan vant fanm gason soti. Men, tout bagay soti nan Bondye (1 Kor 11:11-12).

Nan sosyete jodi a, gason ak fi genyen menm posiblite e menm kapasite pou yo pran desizyon ki baze sou bon jan refleksyon. Lè ou anpeche yon fi ki eklere sèvi ak entèlijans li, se yon vyolasyon dwa li, e se yon abi sou li ak tout moun nan antouraj li. Jan li te ye nan kòmansman, sa Bondye vle se otorite youn sou lòt ak desizyon pataje nan kominote, tout moun ansanm. Nou dwe sèvi kòt a kòt.

Kapab genyen diskisyon kote nou pa jwenn antant. Men kèk jan nou kapab vanse pou nou rezoud opinyon ki dozado, se Gilbert Bilezikian ki sigjere yo (nou pa oblije sèvi ak yo nan lòd yo ye la a):

1. Chèche enspirasyon Bondye.
2. Eseye soumèt youn ak lòt, koute byen sa lòt la ap di, respekte youn lòt, epi montre lòt la ou konprann pwennvi li.
3. Sèvi ak don espirityèl, talan natirèl ak konesans nou chak nan domèn n ap pale a.
4. Jwenn konpwomi, fè konsesyon, kontre nan mitan.
5. Chèche jwenn konsèy nan men lòt moun nou fè konfyans e ki gen eksperyans.
6. Defini prensib biblik yo.
7. Idantifye avantaj ak enkonvenyan tout solisyon nou yo.
8. Sonje: moun ki pi afekte ak sa n ap pale a ta dwe genyen plis pwa nan desizyon an (4).

Men nou menm, nou se yon ras Bondye chwazi, *yon bann prèt k ap sèvi Wa a*, yon nasyon k ap viv apa pou Bondye, yon pèp li achte. Li fè tou sa pou n te ka fè tout moun konnen bèl bagay Bondye te fè yo, Bondye ki rele nou soti nan fènwa a pou nou antre nan bèl limyè li a" (1 Pyè 2:9, se nou ki mete italik yo).

K Nan Ansyen Testaman an, se gason sèlman ki te kapab prèt. Kidonk, èske se pa mari a ki dwe prèt, ki vle di gid espirityèl nan kay la?

R Tout moun genyen menm kontak ak Bondye e menm responsablite devan li.

K Kòm Bondye se papa nou, e Jezi se yon gason, èske se pa gason ki dwe gid espirityèl yo?

R Bondye pa gason, se lespri li ye, e imaj li reflete ni nan gason, ni nan fi.

Pa gen anyen nan Bib la ki di se mari ki dwe jwe wòl prèt nan kay la. Sa ekri klè kou dlo kokoye: atravè Kris, tout moun genyen menm chans pou yo jwenn Bondye e menm responsablite devan l. Jan John Phelan te di li: "Rido tanp lan chire 2 bò, kounye a tout moun kapab jwenn Bondye. Tout moun Bondye se prèt yo ye. Tout moun Bondye yo sakre. Tout moun Bondye yo genyen Lespri sou yo." (5)

Nan tan lontan, lè yo te rele Bondye "Papa," se te yon imaj ki te vle di moun se eritye Bondye e yo t ap jwenn pwoteksyon nan menm l. Men Bondye pa gason. "Bondye se Lespri li ye." (Jan 4:24) Ni fi ni gason fèt nan imaj Bondye e yo reflete imaj li menm jan. Mimi Haddad te deklare: "si nou ensiste pou nou di Bondye se gason, sa se idolatri, e sa vle di nou kreye Bondye nan imaj pa nou. Sa ale kont sa Bib la di" (6).

Jezi te vini kòm gason pou li te preche nan sinagòg la, kote yo pa t pèmèt fi antre nan epòk sa a. Men Kris vin sove nou antanke Bondye nan lachè, pa antanke gason.

> **K** Kisa pou nou reponn a sa ki di n ap mete divizyon nan fanmi an, akòz nou pa respekte wòl tradisyonèl yo?

> **R** Nan yon kay kote moun pratike bon jan egalite, jan Bib la anseye l, fanmi an pi djanm.

Kote dezòm ka kenbe tèt ak yon moun k ap atake yo, yon sèl p ap kapab. Yon kòd trese an twa pa fasil pou kase (Ekl 4:12).

Si youn nan twa branch très la vin pi fèb, sa p ap ranfòse kòd la. Nan yon relasyon ki djanm tout bon, genyen respè youn pou lòt. Lè tou 2 paran yo antann yo pou pataje responsablite nan desizyon y ap pran pou sa ki pi bon pou fanmi an, sa pèmèt timoun yo benefisye 2 fwa. Lè ou ankouraje paran yo pou yo chache suiv volonte Bondye nan lavi yo, sa pa vle di yo gen mwens lanmou pou pitit yo, oswa yo ba yo mwens enpòtans nan fanmi an. Okontrè, se yon bèl egzanp paran yo ap montre lè youn kore lòt nan lavi ak nan travay yo, ni anndan kay la, ni andeyò kay la.

3zyèm branch très la se Jezikri, ki se Seyè kay la. Lè yo bay Kris la lonè e tout moun jwenn respè, lanmou pa janm manke.

Sonje tou, genyen anpil kay kote pa genyen yon manman, oswa yon papa. Lè sa a, li pa bon pou grenn paran an rete kole anndan yon wòl klasik predefini. Fanmi sa yo ap jwenn fòs ak sipò nan kò konplè Kris la.

Jezi ak fanm

Li chwazi douz nan yo pou mache ak li. Li rele yo apòt, epi li voye yo mache bay mesaj la. Li te ba yo pouvwa pou chase move[4] lespri (Mak 3:14-15).

Richard e Catherine Kroeger bay esplikasyon sa a: "Jezi te genyen yon gwoup fi ki t ap akonpaye l nan ministè li e nan misyon li yo. Men li pa t ka voye yo pou yo preche oswa pou yo fè gerizon an piblik pou kont yo. Etidyan Talmid yo pa t gen dwa janm pale ak yon fi an piblik, li te mèt ak madanm yo. E yo pa t gen dwa janm pale sou koze Bondye ak yon fi, paske sa ta yon tantasyon pou peche... Jezi te konnen byen jan konsepsyon sa yo pa t ap chanje toutotan moun yo potko viv yon bon jan konvèsyon" (7).

Nou kapab remake pa t genyen okenn disip ki pa t Juif tou. Kidonk, si sa disip yo te ye ta dwe sèvi modèl pou lidè legliz, nenpòt gason ki pa Juif ta otomatikman elimine kòm lidè posib nan legliz.

K Poukisa Jezi pa t chwazi okenn fi kòm disip li?

R Li te chwazi gason juif paske se yo ki te ka akonpli misyon an nan epòk sa a. Kounye a, se tout moun k ap jwenn apèl pou akonpli Gran Komisyon an.

K Èske te genyen fi ki te patisipe nan ministè Jezi?

R Si ou gade respè Jezi te genyen pou fi e jan li te fè yo patisipe nan ministè li, ou ta ka di se te yon bagay radikal, prèske revolisyonè!

Yon disip fanm

Apre sa, Jezi mache ale nan tout lavil yo ak nan tout bouk yo. Li t ap mache bay mesaj la, li t ap anonse bòn[5] nouvèl peyi kote Bondye Wa a. Douz disip yo te toujou avè li. *Te gen kèk fanm avè l tou.* Se moun li te wete move lespri sou yo, li te geri maladi yo. Te gen Mari (yo te rele moun Magdala a). Jezi te wete sèt move lespri sou li. Te gen Jàn[5], madanm Chouza, yonn nan jeran Ewòd yo. Te gen Sizàn[5] ak anpil lòt ankò. Yo tout yo t ap ede Jezi ansanm ak disip li yo ak sa yo te genyen (Lik 8:1-3, se nou ki mete italik yo).

Yo pa t konn menm konte fi ki te nan rasanbleman piblik, men Jezi te akeyi èd yo, kit se te sou fòm lajan oubyen sou lòt fòm.

Jezi anseye fanm

Jezi al fè wout li ansanm ak disip li yo. Li antre nan yon ti bouk kote yon fanm yo rele Mat resevwa l lakay li. Mat sa a te gen yon sè yo rele Mari. Mari te chita nan pye mèt la, li t ap koute pawòl li yo. Mat menm t ap fatige kò l ak tout travay ki te pou fèt nan kay la. Lè sa a, li vini, li di, "Mèt, sa pa fè ou anyen pou ou wè sè m lan kite m ap fè tout travay la pou kont mwen? Manyè di l ede m non." Jezi reponn li, "Mat, Mat. W ap trakase tèt ou, w ap bat kò ou pou yon bann bagay. Men, se yon sèl bagay ki nesesè. Se li Mari chwazi, yo p ap janm wete l nan men li" (Lik 10:38-42).

Nan tan Jezi, yo te bare wout pi fò edikasyon pou fi. Men lè Mari te mete tèt li nan pozisyon yon disip Jezi, nan pye li, Jezi te defann dwa Mari pou li te aprann. Remake, lè Jezi pale de chwa Mari te fè a, li di: "yo p ap janm wete l nan men li," malgre anpil moun eseye fè sa.

---

[5] Pa gen aksan fòs nan tèks ki sou sit wèb la, men nou mete li pou respekte vèsyon enprime Bib la, ki genyen li, nan paj 91. (Nòt tradiktè a)

Yon fanm evanjelis

Lè sa a, disip Jezi yo vin rive. Yo te sezi wè l ap pale ak yon fanm. Men, yo yonn pa mande l: "Kisa ou gen avèk li?" Osinon: "Poukisa w ap pale avè li?" Fanm lan menm kite krich dlo a la, li tounen li al lavil la. Li di moun yo: "Vini wè yon nonm ki di m tou sa m fè. Eske nou pa kwè se Kris la?" Moun yo soti lavil la, yo vin jwenn Jezi...Anpil moun Samari ki te rete nan Sika te kwè nan Jezi poutèt sa madanm lan te di yo: "Li di m tou sa m fè" (Jan 4:27-30, 39).

Gason te konn iyore fi an piblik; yo te wè yo tankou yon tantasyon pou peche, men Jezi te fè disip li yo sezi lè li te kòmanse pale ak fanm ki pa t gen bon repitasyon an, nan pi a. Nan tout konvèsasyon prive yo anrejistre pou Jezi, se sa a ki pi long. Epi Jezi te ankouraje fanm nan pou li al evanjelize vil pa l la. Se konsa, gras a temwayaj li, anpil moun te vin kwè nan Jezi.

Jezi tabli priyorite

Pandan Jezi t ap pale konsa, yon fanm pran pale byen fò nan mitan foul la, epi l di: "Fanm ki te pote ou nan vant li epi ki te ba ou tete a, se yon fanm Bondye beni!" Jezi reponn li: "Moun ki koute pawòl Bondye epi ki mete l an pratik, se yo menm Bondye beni" (Lik 11:27-28).

Yo te konn wè pi gwo valè fi te genyen se te antanke manman ki ka pote e pouse pitit, men Jezi di li pi enpòtan pou koute epi pratike pawòl la, kidonk pou yon moun tounen yon disip.

Fanm ap anseye disip yo sou Rezireksyon an

Fanm yo kouri kite kavo a. Yo te pè, men an menm tan tou yo te kontan. Yo t ap kouri pote nouvèl la bay disip yo. Yo rete konsa, yo wè Jezi parèt devan yo, li di yo: "Bonjou, medam." Yo pwoche bò kote l, yo kenbe pye l, yo adore li. Jezi di yo: "Nou pa bezwen pè. Ale di frè m yo pou y al nan Galile. Se la y a wè mwen" (Mat 28:8-10).

So pa t konn aksepte temwayaj fi nan tribinal, men Jezi te chwazi 2 fi pou temwaye epi anonse rezireksyon li.

Jezi pa t janm anseye obeyisans fi. Li vini pou ranvèse konsekans Chit la, e li montre sa nan konpòtman l ak fi. Jezi sove fi soti nan peche e nan prejije; li libere yo!

Don espirityèl

…Men, sa pwofèt Joèl te fè konnen gen pou rive a, se sa k ap pase koulye a: "Men sa k pral rive nan dènye tan an: Se Bondye menm k ap pale: M ap vide Lespri m sou tout moun sou latè. *Pitit gason nou ak pitit fi nou yo va pale tankou pwofèt.* Jenn gason nou yo va gen vizyon. Granmoun nou yo va fè rèv. Wi, lè sa a, m ap vide Lespri m sou tout sèvitè m yo, fi kou gason, epi y a bay mesaj ki soti nan Bondye" (Tra 2:16-18, se nou ki mete italik yo).

Lespri Bondye a fè travay li yon jan nan lavi *chak moun*, men li fè l pou byen tout moun…Men, se yon sèl Lespri a ki fè tou sa. Li bay *chak moun* yon kado diferan jan li vle (1 Kor 12:7, 11, se nou ki mete italik yo).

Bondye pa bay tout moun menm don. Men, nou fèt pou nou sèvi ak kado a dapre favè Bondye fè nou an. Si yon moun resevwa don pou l anonse mesaj ki sòti nan Bondye, se pou l fè sa dapre lafwa li genyen an. Moun ki resevwa don pou l bay ankourajman, se pou li bay ankourajman. Moun k ap bay nan sa li genyen an, se pou l fè sa san gad dèyè. Moun k ap dirije a, se pou l fè sa byen. Moun k ap moutre jan li gen kè sansib la, se pou li fè sa ak kè kontan (Wòm 12:6-8).

Chak moun dwe pran kado Bondye ba yo a pou yo rann lòt yo sèvis. Konsa, tankou *bon jeran*, n a pran kado Bondye yo, ki divès kalite, n a fè yo travay (1 Pyè 4:10, se nou ki mete italik yo).

Tout kote Nouvo Testaman pale sou kado Bondye, pa janm genyen okenn pawòl sou diferans kado pou gason ak fi, ata pou kado ki

K Bondye bay kwayan yo don, men èske don li bay fi yo pa diferan de don li bay gason?

R Mondye bay don selon bezwen yo; li pa bay yo selon si yon moun gason oubyen fi.

bay otorite. Lè nou limite mwatye popilasyon an yon jan pou li pa ka sèvi selon kado li resevwa yo, sa deranje travay Levanjil la anpil anpil.

Nan Mat 9:37-38, Jezi di: "Lè sa a, li di disip li yo: Rekòt la anpil, men manke travayè pou ranmase l. Mande mèt jaden an pou li voye travayè nan jaden l lan." Poukisa yon moun ta vle dekouraje moun Bondye pou yo pa travay?

Nan Komite Lausanne pou Fowòm Evanjelis Mondyal an Tayilann, 1530 patisipan ki te soti nan 130 peyi te vini pou pale sou jan pou yo ranfòse "tout Legliz la pou li pote tout Levanjil la toupatou nan lemonn." Youn nan deklarasyon yo te ekri, pami lòt ankò, se te: "Nou afime travay tout kwayan kòm prèt e nou mande legliz pou li bay fi, gason ak jèn moun tout materyèl, ankourajman ak pouvwa yo bezwen pou yo reponn apèl yo kòm temwen e kolaboratè nan travay evanjelizasyon mondyal la" (8).

Gilbert Bilezikian esplike sa konkrètman: "Seyè nou an te anonse tèt chaje ki pral rive domestik ki pa sèvi ak talan yo, olye pou yo ta sèvi avèk yo nèt ale pou ministè wayom nan (Mat 25:30). Kijan pou kè nou pa ta sote lè nou imajine yon chatiman ki ta pi mal toujou: sa ki ap tann lidè legliz ki deside se pou yo anpeche kwayan ki anba otorite yo sèvi ak talan Bondye ba yo, olye pou yo ta pouse yo pou yo sèvi ak tout resous yo genyen pou zafè wayom nan" (9).

Fanm nan Bib la

Bib la montre anpil fi ki nan pozisyon lidè. Yo mwens pase gason yo, akòz jan kilti a te ye nan tan sa a, men, si li pa t ap bon pou fi dirije oswa anseye, pa t ap genyen menm yon sèl egzanp nan Bib la.

- Ni Àn (Lik 2:36-38), ni 4 pitit fi Filip (Tra 21:8-9) te pwofèt.
- Ansanm ak Akilas, Prisil te anseye Apolòs chemen Bondye (Tra 18:24-26), li te tabli yon legliz lakay li (1 Kor 16:19), e Pòl te konsidere l kòm kolèg li (Wòm 16:3).
- Febe te yon dyak, e li te bay Pòl sipò materyèl (Wòm 16:1-2).
- Lidi te rankontre ak kwayan yo, e li te akeyi Pòl ak Silas lakay li (Tra 16:13-15, 40).
- Jenyas, se te yon apot (Wòm 16:7).
- Evodi ak Sentich te kolaboratè Pòl (Filip 4:2-3).

K Èske tout lidè Premye Legliz la se pa gason yo te ye?

R Si ou konsidere kondisyon sosyal epòk sa a, w ap sezi wè kantite fi ki lidè nan Nouvo Testaman an.

Silans

Se pou tou sa k ap fèt ede legliz la grandi nan lafwa. Si gen moun k ap pale langaj, fòk gen de ou twa pa plis, epi yonn apre lòt. Se pou gen yon moun tou k ap esplike sa y ap di a. Si pa gen moun ki pou bay esplikasyon, se pou moun k ap pale langaj yo tou reziyen yo pe bouch yo nan asanble a. Y a pale pou kont yo nan kè yo ak Bondye. Pou moun k ap bay mesaj ki soti nan Bondye yo, se de ou twa ase ki pou pran lapawòl. Tout lòt yo va jije sa y ap di a. Men, si yon moun nan asanble a resevwa yon revelasyon nan men Bondye, se pou moun k ap pale a pe bouch li...Paske, Bondye pa rele nou pou nou viv nan fè dezòd, men li rele nou pou nou viv ak kè poze. Tankou sa fèt nan tout legliz pèp Bondye a, fanm pa fèt pou pale nan asanble yo. Yo pa ba yo dwa sa a. Jan nou jwenn sa ekri nan lalwa Bondye a: se pou yo soumèt yo. Si yo bezwen mande kichòy, y a mande mari yo lè yo lakay yo. Non. Sa pa fèt pou fanm yo pale nan asanble a" (1 Korent 14:26b-30, 33-35).

Nan 21nyèm syèk la, li pa yon wont ankò pou yon fi pale nan legliz. Anfèt, anpil moun genyen pwoblèm ak lafwa yo paske yo wè Krisyanis antanke yon relijyon kote se gason ki domine.

Prensip vèsè Korent sa a mande pou yo toujou kenbe lòd ak disiplin nan sèvis adorasyon yo. Ou kapab wè se pa fi sèlman yo mande rete an silans. Yo di nenpòt moun k ap pale langaj ta dwe pe bouch yo si pa gen moun ki pou esplike sa y ap di a. Konsa tou, si yon pwofèt ap pale, epi yon lòt moun resevwa yon revelasyon, pwofèt ki t ap pale a dwe pe bouch li. Sèvis la dwe toujou gen lòd paske Bondye se yon Bondye lapè.

S — Èske Bib la pa di fi pa dwe pale nan legliz?

J — Vèsè Korent ki di fi dwe rete an silans baze sou koutim epòk tan lontan sa a, li pa gen anyen pou li wè ak kapasite fi, oswa ak koutim jodi a.

Men sa Craig Keener te ekri: "Nan ansyen koutim nan zòn Mediterane a, yon fi pa t gen dwa pale ak gason ki pa t fanmi l, menm si fi a te respektab...An jeneral, fi pa t genyen tout nivo edikasyon gason yo te genyen; nenpòt moun ki gen bon konesans nan ansyen literati ap konn sa...Lè l ap konseye fi pou yo pa poze gason kesyon nan asanble yo, Pòl ap respekte koutim sosyal yo, men li pa kont edikasyon ak aprantisaj yo... Lè y ap jwenn pi bon konprann, fi ap kapab pale pi byen nan nivo pi entelektyèl nan menm asanble sa yo, kote yo te gen dwa lapriyè oswa bay mesaj ki soti nan Bondye. Lè ou wè l konsa, vre kesyon an pa yon kesyon fi ou gason, men se yon kesyon koutim sosyal ak nivo edikasyon, e youn nan kesyon sa yo pa ka anpeche fi pale nan legliz jodi a" (10).

Epitou, si Pòl te panse fi ta dwe rete an silans nèt ale, li pa t ap mande pou yo kouvri tèt yo lè y ap lapriyè oswa lè y ap bay mesaj ki soti nan Bondye anndan legliz, 3 chapit anvan (1 Korent 11:5).

Otorite ak ansèyman

Se pou fanm yo rete san pale, avèk soumisyon, lè y ap resevwa enstriksyon. Mwen pa bay fanm yo dwa moutre pèsonn[6] anyen. Yo pa gen okenn otorite sou gason. Se pou yo rete byen trankil. Paske, se Adan Bondye te kreye anvan. Se apre li te fè Ev. Se pa t Adan Satan te twonpe, se fanm lan li te twonpe, se fanm lan ki te dezobeyi lòd Bondye. Men, yon fanm va delivre lè l a fè pitit, si l kenbe fèm nan konfyans li, nan renmen, nan lavi l ap mennen apa pou Bondye a, si l rete tou senp. (1 Timote 2:11-15, se nou ki mete italik yo).

> **K** Kòm Bib la di fi pa ka anseye gason e yo pa gen otorite sou gason, èske sa pa vle di fi pa ka vin pwofesè oswa pastè?

Prensip vèsè sa yo, se batay kont fo ansèyman. Sa parèt a klè nan 1 Timote 1:3:

> Se pou ou rete nan lavil Efèz, jan m te mande ou la lè mwen t ap pati pou peyi Masedwàn[7]. Paske, gen kèk moun nan lavil Efèz la k ap moutre lòt yo yon bann lòt bagay ki pa vre. Se pou ou ba yo lòd sispann fè sa y ap fè a. (1 Timote 1:3).

> **R** Pou nou aplike vèsè ki limite otorite fi nan Efèzyen jodi a, nou dwe di: moun ki pa antrene pa kapab defann tèt yo kont fo ansèyman.

Pòl ajoute ankò fi konn viktim fo pwofesè:

> Gen ladan yo k ap antre lakay moun pou pran tèt medam ki fèb yo... (2 Timote 3:6a).

---

[6] Pa gen aksan fòs nan tèks ki sou sit wèb la, men nou mete li pou respekte vèsyon enprime Bib la, ki genyen li, nan paj 293. (Nòt tradiktè

"Se pou fanm resevwa entriksyon"

Se pawòl sa yo, nan premye fraz vèsè a, ki pi fò e ki pi radikal, men moun konn pa wè sa. Pòl di fi ta dwe resevwa ansèyman. Li te panse pi bon jan pou batay kont fo ansèyman, se ak bon jan ansèyman. E fi ta dwe pran ansèyman sa a menm jan tout bon etidyan juif te konn fè li: setadi an silans e ak respè pou pwofesè yo.

"Mwen pa bay fanm yo dwa pou yo moutre pèsonn anyen"

Li klè, Pòl vle di fi pa gen otorizasyon anseye toutotan yo poko jwenn bon fòmasyon pou sa, paske li fè elòj kapasite Prisil pou li anseye (Tra 18:24-26, ak Wòm 16:3-5). E remake byen, li t ap anseye ansanm ak mari li, Akilas, nan Efèz, nan menm legliz ki te resevwa lèt ki genyen pawòl sa yo.

"Yo pa gen otorite sou gason"

Men sa Rebecca Merrill Groothuis ekri: "Mo yo tradui pa 'otorite' nan vèsè 12 la (authentein), pa menm ak mo ki parèt lòt kote nan Nouvo Testaman an pou fè referans ak otorite pozitif lejitim (exousia); anfèt, mo sa a pa parèt okenn lòt kote nan Nouvo Testaman an. Epitou, li genyen plizyè sans nan lizay ansyen lang Grèk la. Anpil nan sans sa yo depase senp otorite nòmal, yo konn menm rive reprezante vyolans" (11).

Kidonk, Pòl t ap entèdi yon konpòtman dominasyon agresif ki pa t ap kòrèk pou nenpòt kwayan.

"Se pou yo rete byen trankil"

Yo te mande fi pou yo rete trankil, san yo pa fè dezòd, pandan y ap resevwa ansèyman yo, menm jan yo te mande tout etidyan juif yo sa.

"Se Adan Bondye te kreye anvan"

Nan Jenèz la, lè Bondye te bay Adan lòd pou li pa manje fwi "pyebwa konesans" lan, Èv potko kreye. Kidonk Èv pa t resevwa enstriksyon dirèkteman nan Bondye. Rebecca Merrill Groothuis bay esplikasyon sa a pi devan: "Egzanp sa a montre ke, pou yo evite twonpri ak gwo erè, moun ki poko jwenn enstriksyon Pawòl Bondye a (tankou Èv ak fi Efèz yo) ta dwe soumèt yo devan ekspètiz sa ki gen tan jwenn bon jan enstriksyon (tankou Adan ak lidè gason nan legliz Efèz la)" (12).

"Fanm va delivre lè l a fè pitit"

Pati sa a kapab difisil pou konprann. Men yon esplikasyon: Tanp Atemis, nan Efèz, se te youn nan 7 Mèvèy nan monn antik la. Se te yon kokennchenn bilding ak yon trezò nan yon chanm ki te genyen 400 gad pou veye sou li. Anpil moun te adore Atemis antanke yon deyès fètilite ki t ap ede fi, sitou lè yo t ap akouche. Se a pratik sa a Pòl fè referans lè li sigjere pou fi pa konte sou Atemis pou sekirite yo lè y ap akouche, men pou yo mete lafwa yo nan Jezi de preferans. Men sa Mimi Haddad te ekri: "Lè l ap defye fo ansèyman nan Efèz, Pòl sigjere ke fi ap sove lè y ap fè pitit. Èske Pòl vle di fi ap sove nan akouchman si yo kenbe lafwa yo nan Kris, men pa si yo adore Atemis?" (13).

Craig Keener soulve yon pwen enpòtan: "Nan kondisyon nòmal, Bib la otorize ministè fi, e li entèdi li sèlman nan kèk kondisyon eksepsyonèl...Sèl kote Bib la entèdi fi anseye Bib la, okontre de anpil lòt kote ki aksepte fi bay mesaj Bondye, se nan sèl grenn legliz kote nou konnen fo anseyan ak fo pwofèt t ap vize fi" (14).

An rezime, sòf nan kèk ka izole, ansèyman jeneral Ekriti Sen yo di ni fi ni gason resevwa tout don, e yo ta dwe jwenn ankourajman pou yo patisipe nan tout nivo nan ministè. Nou pa ka di nou se men ak pye Bondye nan lemonn si mwatye nan nou nan minòt!

Kiyès ki alatèt

Men, mwen vle nou konprann sa byen: Kris la se chèf tout gason, gason se chèf fanm. Bondye se chèf Kris la (1 Korent 11:3).[8]

Souvan, yo konn panse "alatèt," oswa "kephale," vle di "otorite" (chèf). Men li kapab tradui pa "sous" tou, tankou nan yon "tèt dlo."

Genyen 2 rezon ki fè "alatèt" nan 1 Korent 11:3 te ka vle di "sous lavi," olye pou li ta vle di "otorite," oswa "chèf". Premyeman, li bay relasyon yo selon tan an nan jan yo te kòmanse. Gilbert Bilezikian te fè remak sa a: "Sa ki defini nan ki lòd 3 pwen sa yo parèt, se epòk, se pa iyerachi. Nan kreyasyon an, se Kris ki te bay gason lavi antanke sous lavi Adan. Konsa tou, gason te bay fi lavi lè li te soti anndan li menm. Epi Bondye te bay Pitit Gason li lavi lè li vini nan lemonn pou li fèt nan lachè. Lè ou respekte egzakteman lòd ki prezante 3 pwen sa yo, "chèf," oswa "alatèt" ("kephale") toujou fè referans ak yon sèvis ki se bay lavi" (15).

Aplikasyon lide sa a vreman bèl anpil. Se konsa Mimi Haddad te ekri: "Nan Jenèz la, Bondye kreye fi apati kò gason. Menm jan tou, Kris se orijin, oswa sous, legliz la. Kris te mouri pou zòt

---

[3] Nan chapit sa a, otè a pale sou sans mo "kephale" ki genyen plizyè tradiksyon posib ni ann Angle, ni an Kreyòl. Lè otè a sèvi ak tradiksyon "head" an Angle, nou sèvi ak "alatèt" an Kreyòl, oubyen ak mo Grèk la (kephale), men pi fò kote nan vèsyon ofisyèl Bib Kreyòl la, yo tradui "kephale" pa "chèf." kenbe tèminoloji vèsè yo jan yo ye nan Bib Kreyòl la. Nou kapab remake tou ke premye sans mo "chef" an Franse, se "tèt," ki soti nan Laten (caput: pwent) ki eksprime nan pawòl tankou "couvre-chef," "opiner du chef," "chef de file," etc. (Nòt tradiktè a)

ka jwenn lavi. Se konsa tout mari dwe renmen madanm yo nan sakrifis, antanke pwòp chè pa yo. Sa souliye lide inite, yon lide entimite" (16).

Dezyèmmam, si nou di "alatèt" ("kephale") reprezante yon "chèf otoritè," sa ta vle di genyen yon iyerachi anndan Trinite a, e sa se yon lide ki te toujou konsidere kòm eretik, ki pa konfòm ak ansèyman tradisyonèl legliz la, nan tout istwa li.

An nou gade vèsè sa a pi pre, ak sans "chèf otoritè" pou "kephale":

- Chèf otoritè tout gason se Kris (wi).
- Chèf otoritè tout fanm se gason (petèt).
- Chèf otoritè Kris se Bondye (non: Jezi pa anba otorite Papa a pou tout tan).

Men esplikasyon Kevin Giles te bay: "Prèske tout Kretyen dakò pou di, nan enkanasyon li, Pitit la te mete tèt li anba otorite Papa a. Li te pran wòl yon sèvitè. Men pi fò Kretyen kwè wòl sa a, ki mete enkanasyon Pitit la anba otorite Papa a, pa aplike a relasyon Papa-Pitit anndan Trinite etènèl la. Nan Fil 2:5-11, Pòl esplike jan Pitit la te egal ak Papa a anvan li te chwazi diminye tèt li pou li tounen moun, epi mouri sou kwa a, epi jan li te leve pou li reye an Seyè apre sa" (17).

Vèsè a vin pi lojik lè ou defini "kephale" ("alatèt") kòm "sous lavi":

- Sous lavi tout gason se Kris (wi).
- Sous lavi fanm se gason (wi: nan kreyasyon an, se apati kò gason an fanm nan te fèt).

- Sous lavi Kris se Bondye (wi: Bondye Papa a te voye Jezi pou li fèt nan lachè).

Annou gade vèsè ki montre Jezi antanke chèf legliz la. Remake byen, yo pa janm dekri li kòm yon lidè oswa yon otorite. Mo "alatèt" (oswa "chèf") dekri Jezi kòm premye sous lavi ak sali, epi kòm sa ki pèmèt nou grandi.

> Bondye mete tout bagay anba pye Kris la, li mete l pou l sèl chèf legliz la. Legliz la se kò Kris la, li konplete Kris la. Kris la menm, avèk pouvwa li, *li konplete tout bagay ki toupatou* (Ef 1:22-23, se nou ki mete italik yo).

> Okontrè, an n pale verite a avèk renmen nan kè nou, *konsa n a ka grandi nan tout sans nan Kris la ki chèf kò a.* Gremesi Kris la, tout pati nan kò a byen òganize, yo tout byen mare yonn ak lòt nan jwenti yo. Konsa, lè chak pati fè sa yo gen pou yo fè a, *tout kò a ap grandi*, l ap devlope nan renmen (Ef 4:15-16, se nou ki ajoute italik yo).

> Moun konsa p ap viv ansanm ak Kris la ki tèt kò a. *Se Kris la k ap nouri tout kò a, k ap kenbe l byen kanpe ak tout jwenti l ak tout venn li yo byen solid. Se li menm k ap fè l grandi jan Bondye vle l la* (Kol 2: 19, se nou ki mete italik yo).

Men esplikasyon Bilezikian: "Nan Nouvo Testaman an, genyen anpil kote ki mansyone tout kalite lidè: lidè relijye, lidè kominotè, lidè militè, lidè nan gouvènman, lidè patriyach, ak lidè legliz. Men yo pa janm rele yo "alatèt" ("kephale"). Sa montre aklè ke mo "alatèt" ("kephale") pa t vle di "lidè," oswa "chèf," nan langaj Nouvo Testaman an. Jan yo sèvi ak mo "kephale" nan kontèks 1 Korent, Efèzyen ak Kolosyen, mennen nou nan konklizyon sa a: konsèp "alatèt" ("kephale") nan Nouvo Testaman an reprezante wòl Kris antanke sous ("tèt dlo") lavi ak devlopman, e wòl li antanke sa ki bay e sa ki soutni (18).

Si sa poko fin konvenk ou toujou, mwen konseye w al li atik Berkeley ak Alvera Mickelsen: "What Does Kephale Mean in the New Testament?" (Kisa Kephale vle di nan Nouvo Testaman an). Men yon ti ekstrè: "Diksyonè Grèk-Angle ki pi konplè jodi a (li kouvri ni Grèk nan tan Omè, ni Grèk Koyinè), se yon liv an 2 tòm ki genyen plis pase 2000 paj ki se Liddel, Scott, Jones ak McKenzie ki te konpile l pou premye fwa an 1843...Diksyonè sa a bay plizyè definisyon komen pou mo kephale, ak egzanp. Men pa genyen ni "otorite," ni "ran siperyè," ni "lidè," ni "direktè," ni okenn lòt sans sanblab kòm definisyon nan lis sa a." (19) Berkeley ak Alvera Mickelsen pran 14 paj pou pale sou lang Grèk la. Philip Barton Payne te bay yon repons pou atik Mickelsen yo a: "Anfèt, [Berkeley ak Alvera] Mickelsen pa menm fin rive nan fon demonstrasyon yo nèt pa rapò ak lizay lang Grèk la. Ata nan sipleman yo ajoute nan edisyon 1968 diksyonè Liddell ak Scott la, genyen 48 definisyon diferan ann Angle pou sans senbolik mo kephale. Pa gen youn nan yo ki genyen sans lidè, otorite, premye, oswa siprèm" (20).

An rezime, olye pou Bondye ta vle pou gason fin tonbe anba konsekans negatif Chit la, ki genyen ladan n pou yo ta anlè madanm yo, li vle pou mari yo rete yon sous lavi ak ankourajman pou madanm yo, menm jan ak sa Jezi ye pou nou tout!

Merrill-Groothuis ale pi lwen toujou: "Li dwòl, men si ou vle konprann wòl mari a kòm 'alatèt' madanm li nan sans yon lidè ki pi wo, ou ale kont sans biblik 'alatèt' la antanke sa ki bay madanm li lavi, nouriti, lasante ak devlopman. Yon fi p ap kapab grandi nan tout degre matirite espirityèl, emosyonèl ak entelektyèl li si yo pa pèmèt li pran responsablite pou tèt li, e si yo trete l tankou yon timoun ki bezwen yon lòt moun pou pran desizyon pou li... Lè fini, nan yon maryaj kote gen chèf, mari a p ap kapab grandi nan karaktè li, ni nan pirifikasyon nanm li, paske li p ap jwenn chans aprantisaj ki vini nan mitan 2 moun damou ki egalego nan sèvis wayom Kris la" (21).

Soumisyon

Se pou nou yonn soumèt devan lòt pa respè pou Kris la. Nou menm, medam yo, soumèt devan mari nou tankou nou soumèt devan Seyè a...Nou menm, mari yo, se pou nou renmen madanm nou menm jan Kris la te renmen legliz la, jouk li te asepte mouri pou li...Nou menm domestik, obeyi mèt nou gen sou latè a avèk respè, avèk krentif, ak tout kè nou menm jan nou ta sèvi Kris la...Nou menm mèt, se pou n aji menm jan an tou ak moun k ap sèvi nou yo. Pa fè yo okenn menas. Toujou chonje ni nou menm, ni domestik nou yo, nou gen yon sèl Mèt nan syèl la, ki pa gade sou figi moun (Ef 5:21-22, 25; 6:5, 9a, se nou ki mete italik yo).

Vèsè "Se pou nou yonn soumèt devan lòt…" se li ki kle isi a. Li ba nou endikasyon sou ki jan nou ka montre nou plen kè nou ak Sentespri (Ef 5:18) lakay nou. Pòl t ap sèvi ak egzanp soumisyon madanm devan mari yo nan kilti sa a, pou li te esplike jan nou dwe soumèt youn devan lòt. Ni lalwa Women, ni lalwa Juif te mande soumisyon madanm devan mari li; se te yon koutim yo te aksepte kòm nòmal nan sosyete sa a. Pou Premye Legliz la, se te gaye Bòn Nouvèl la ki te pi enpòtan, yo pa t soti pou yo te defye lalwa. Se pou tèt sa Pòl bay enstriksyon li yo anndan kontèks sosyete patriyakal la, ki genyen bon valè moral Kretyen tankou soumisyon (ki pa vle di obeyisans) ak lanmou (ki pa vle di dirije).

S Bib la di yon madanm dwe soumèt tèt li bay mari li. Èske li pa bon lè yo fè sa pou ofri sipò yo ak tout konsyans ak entèlijans yo?

J Nan premye syèk, soumisyon fanm te yon bagay nòmal nan sosyete a, menm jan ak soumisyon esklav. Men Pòl mande Kretyen yo pou yo aji yon lòt jan: li di yo se pou yo chak soumèt tèt yo youn bay lòt!

Men jan J. Lee Grady rezime lide sa a: "Konsèp soumisyon, pa nan sans anba yon dominasyon oswa yon dirijan, men nan sans preferans youn pou lòt, san youn pa fè egzijans pou dwa pèsonèl pa l, konsèp soumisyon nan sans sa a ta dwe ann aksyon anndan tout kò Kris la, dekwa pou revele lanmou Kris pou lemonn" (22).

Konklizyon

Twò souvan, yo anpeche ni fi ni gason genyen bon jan relasyon djanm oswa pratike yon bèl ministè kòmsadwa, pou tèt jan kèk moun konprann kèk vèsè nan Bib la. Se pa premye fwa sa rive. Ozetazini, nan ane 1800 yo, moun ki t ap defann esklavaj te sèvi anpil ak jan yo te konprann Bib la. Yo di Jezi te konn fè referans ak esklav nan parabòl. Yo di Galat 4 bay egzanp ki baze sou esklavaj, e Efezyen 6 kòmande pou esklav (domestik) yo obeyi mèt yo. Stan Gundry di: "Yon jou, Kretyen yo va wont pozisyon legliz ki pran Bib la pou defann iyerachi patriyakal, menm jan yo wont ansyen pozisyon legliz ki t ap defann esklavaj nan 19vyèm syèk" (23).

Nou dwe entèprete Bib la nan kontèks li, epòk li, ak jan li trete konsèp yo an jeneral atravè Ekriti Sen yo. Gade egzanp ki pi ba yo, e reflechi pou wè si yo ann akò ak sa Bib la anseye an jeneral:

- Gen yon fi k ap etidye nan seminè e ki genyen enspirasyon; yo di li, li kapab bay kongregasyon an yon ti temwayaj tou kout, men se nan yon kote byen detèmine yo endike ba li anndan sanktiyè a, e li pa dwe di anyen ki ta yon ansèyman.
- Nan rechèch li fè ak konsèy li resevwa, yon manman jwenn ki tretman ki ta bon pou pitit li ki malad, men yo pa pèmèt timoun nan suiv tretman sa a paske papa a pa dakò.

- Lè kèk nouvo gason vin antre nan konsèy administrasyon yon ministè k ap pran ekstansyon, yo revoke yon fanm ki t ap fè anpil travay pozitif paske yo kwè fanm pa dwe nan pozisyon lidè.

- Yon dyak nan legliz la ap fè abi vèbal ak fizik sou madanm li. Pastè a konseye madanm nan pou li pa fè mari a fache, men pito pou li soumèt tèt li epi lapriyè.

- Genyen yon fi k ap etidye nan inivèsite e ki vle pousuiv yon gwo karyè pwofesyonèl. Yo dekouraje li e yo di li plan Bondye a se pou li marye yon jou, e li p ap kapab sèvi mari li byen si l ap travay andeyò kay la.

Tout moun pa genyen menm opinyon sou kesyon sa a, se vre, men menm si n ap fè erè, pitou nou fè twòp pase nou pa fè ase, epi diminye travay Bondye; pwovèb la di: "Pito sa pase malgre sa." An nou ankouraje tout kò Kris la nèt pou li mete tout don li yo an pratik, nan lemonn antye. Bezwen yo anpil, e Bondye konnen... *chak grenn moun nesesè!*

Deklarasyon lafwa CBE

Nou kwè Bib la se pawòl Bondye enspire, li valab, e li se referans final pou lafwa ak pratik lafwa.

Nou kwè nan inite ak Trinite Bondye ki egziste an 3 pèsonn pou letènite.

Nou kwè Jezikri se Bondye konplè, e li se yon moun konplè tou.

Nou kwè tout moun se pechè. Youn nan konsekans peche pou moun se move relasyon ak Bondye, ak lòt moun, e ak pwòp tèt yo.

Nou kwè sali etènèl ak reparasyon relasyon yo posib atravè lafwa nan Jezikri ki te mouri pou nou, ki te resisite soti nan pami mò yo, e ki ap retounen ankò. Sali sa a disponib pou tout moun.

Nou kwè nan travay Lespri Sen pou sali a, e nan pouvwa ak prezans Lespri Sen nan lavi kwayan yo.

Nou kwè nan egalite ak diyite esansyèl tout gason ak fi nan nenpòt ras, nenpòt laj e nenpòt klas sosyal. Nou rekonèt tout moun fèt nan imaj Bondye e y ap reflete imaj sa a nan kominote kwayan yo, anndan lakay yo, e nan sosyete a.

Nou kwè gason ak fi dwe fè tout efò posib pou yo sèvi ak don Bondye ba yo pou byen kay yo, legliz ak sosyete a.

Nou kwè nan fanmi, nan abstansyon selibatè, e nan maryaj etewoseksyèl (gason ak fanm) fidèl, antanke desen Bondye.

Nou kwè gason ak fi dwe fè opozisyon devan lenjistis, jan Bib la mande li.

TNIV: Today's New International Version (Nouvo Vèsyon Entènasyonal) Jodi a)

Bib TNIV a se dènye vèsyon tradiksyon Angle NIV a (Nouvo Vèsyon Entènasyonal), ke yo te ekri an 1973, e yo te revize an 1978 ak 1984. Si ou pa abitye wè vèsyon TNIV a, se petèt paske kèk ministè e kèk libreri pa andose dènye travay Komite sou Tradiksyon Bib NIV a te fè.

Men yon pasaj nou pran nan "A Word to the Reader" ("Yon ti pawòl pou lektè a") ki se chapit entwodiksyon Bib TNIV a: "Se Bib NIV a (1973, 1978, 1984) ki genyen plis lektè tout kote yo pale Angle nan lemonn. Se te yon nouvo tradiksyon nèt, ke plis pase 100 ekspè te fè apati pi bon tèks ki te disponib nan lang Ebre, Aramayik ak Grèk... Yo te soti nan plizyè denominasyon... yo patisipe nan travay pwoteksyon tradiksyon an kont move entèpretasyon posib nan diferan denominasyon... Nan pwosesis revizyon an, yo te ranplase plizyè manm Komite sou Tradiksyon Bib la akòz yo te pran retrèt yo, oswa pou lòt kòz, men yo te toujou kenbe menm repatisyon jewografik ak denominasyon nan Komite a... Objektif prensipal revizyon sa a se te pou pote tèks tradiksyon NIV a nan nivo etid biblik akademik modèn e pou yo te entegre evolisyon lizay nan lang Angle a." (24)

Komite sou Tradiksyon Bib la, se yon gwoup save invèsitè ki soti nan plizyè denominasyon, e se yo ki te ekri vèsyon NIV ak TNIV yo.

Yon aspè nan 7% chanjman nan tèks TNIV a se te chanje vokabilè ki bay gason priyorite. Pa egzanp, selon kontèks la, genyen kote yon mete mo "moun" ("people" ann Angle) nan plas mo "gason" ("men" ann Angle), epi yo ekri "frè ak sè" olye "frè" sèlman, lè li te klè, nan kontèks la, ke yo t ap pale de yon foul moun miks. Rezon an, se pou evite konfizyon e pou adapte tèks la ak lizay lang nan jodi a. Yo pa t chanje langaj ki fè referans a Bondye kòm gason.

Pa gen entansyon kache anba tab. Dayè, manm ekip tradiksyon an genyen plizyè opinyon diferan sou koze egalite gason ak fi.

Kèk ministè, kèk denominasyon e kèk libreri Kretyen pa aksepte dènye revizyon Bib NIV a. Poutèt li eseye sèvi ak yon langaj ki kòrèk e ki pa ekate ni fi ni gason, yo di se yon Bib "inisèks" ki elimine diferans ant gason ak fi.

Li ta difisil pou kwè nenpòt moun ta santi yo vekse akòz modifikasyon sa yo:

Alòs, depi yon moun nan Kris, li[9] se yon nouvo kreyasyon, sa ki ansyen an ale, sa ki nouvo a vini![10] (2 Kor 5:17, NIV)	Alòs, depi yon moun nan Kris, nouvo kreyasyon an vini; ansyen an ale, nouvo a la![10] (2 Kor 5:17, TNIV)[11]

Ala bon sa bon pou nèg ki pa koute konsèy mechan yo.[10] (Sòm 1:1, NIV)	Ala bon sa bon pou moun ki pa mache ansanm ak mechan yo.[10] (Sòm 1:1, TNIV)[12]

Apre yo te fin li vèsyon NIV Sòm 1:1 nan legliz, yon jèn fi te mande papa l: "Poukisa Bondye pa renmen fi?" Si se ak vèsyon TNIV a yo te sèvi, kesyon sa a pa t ap janm pase nan tèt li.

Anpil ekspè inivèsitè rekòmande Nouvo Vèsyon Entènasyonal Jodi a, vèsyon TNIV a (Today's New International Version), kòm vèsyon modèn egzak pou Bib la.

---

le" nan tèks Angle a, ki se "li" pou gason. (Nòt tradiktè a.)

se tradiksyon tradiktè a, se pa vèsyon ofisyèl vèsè sa a nan Bib Kreyòl la. Konsa lektè a ap kapab gen yon lide sou diferans ant tèks NIV a ak tèks TNIV ann Angle. (Nòt tradiktè a.)

en vèsyon ofisyèl nan Bib Kreyòl la: "Si yon moun ap viv nan Kris la, li vin yon lòt moun. Bagay lontan yo disparèt, se lòt bagay nèf ki pran plas yo ulye a" (2 Kor 5:17) (Nòt tradiktè a).

en vèsyon ofisyèl nan Bib Kreyòl la: "Ala bon sa bon pou moun ki pa koute konsèy mechan yo" (Sòm 1:1) (Nòt tradiktè a).

Referans Bibliyografik

(1) Linda Belleville, *Two Views on Women in Ministry (2 Pèspektiv sou Fanm nan Ministè)* (Zondervan Publishing House, 2001; Grand Rapids, MI; James Beek and Craig Blomberg, eds). 142.

(2) Ibid., 148.

(3) Rebecca Merrill Groothius, *Good News for Women (Bòn Nouvèl pou Fanm)* (Baker House, 1997; Grand Rapids, MI). 43.

(4) Gilbert Bilezikian, *Beyond Sex Roles (Depase Wòl Gason ak Fi)* (Baker Academic, 2006; Grand Rapids, MI). 99-100.

(5) John Phelan, *All God's People (Tout pèp Bondye)* (Covenant Publications, 2005: Chicago, IL). 51.

(6) Mimi Haddad, "What Language Shall We Use?" ("Ak ki Langaj Pou Nou Sèvi?") (*Priscilla Papers*, Volume 17, Issue 1, Christians for Biblical Equality; Minneapolis, MN).

(7) Richard and Catherine Kroeger, "Why Were There No Women Apostles?" ("Poukisa pa te Genyen Fanm Apot?") (*Equity*, 1982). 10-12.

(8) David Claydon, "The Context for the Production of the Lausanne Occasional Papers," (*Empowering Women and Men to Use their Gifts Together in Advancing the Gospel [Pèmèt e Ankouraje Fanm ak Gason sèvi ak don yo Ansanm pou Difizyon Levanjil]*, Lausanne Occasional Paper No. 53; Christians for Biblical Equality, 2005; Minneapolis, MN; Alvera Mickelsen, ed.). iv.

(9) Bilezikian, *Beyond Sex Roles, (Depase Wòl Gason ak Fi)*. 140.

(10) Craig Keener, *Two Views on Women in Ministry (2 Pèspektiv*

sou Fanm nan Ministè) (Zondervan Publishing House, 2001; Grand Rapids, MI; James Beck and Craig Blomberg, eds.). 166, 169, 171.

(11) Groothuis, *Good News for Women* (*Bòn Nouvèl pou Fanm*), 215.

(12) Ibid., 222.

(13) Mimi Haddad, "Paul and Women ("Pòl ak Fi")," (*Empowering Women and Men to Use their Gifts Together in Advancing the Gospel, [Pèmèt e Ankouraje Fanm ak Gason sèvi ak don yo Ansanm pou Difizyon Levanjil]Lausanne Occasional Paper No. 53*; Christians for Biblical Equality, 2005; Minneapolis, MN; Alvera Mickelsen, ed.). 34.

(14) Keener, *Two Views on Women in Ministry (2 Pèspektiv sou Fanm nan Ministè)*, 29.

(15) Gilbert Bilezikian, "I Believe in Male Headship" ("Mwen Kwè se Gason ki Alatèt") (Christians for Biblical Equality, Free Articles, cbeinternational.org; Minneapolis, MN).

(16) Haddad, "Paul and Women" ("Pòl ak Fi"), 35.

(17) Kevin Giles, "The Subordination of Christ and the Subordination of Women" ("Soumisyon Kris ak Soumisyon Fi"), (*Discovering Biblical Equality*; InterVarsity Press, 2004; Downers Grove, IL; Ronald Pierce and Rebecca Merrill Groothuis, eds.). 337.

(18) Bilezikian, *Beyond Sex Roles (Depase Wòl Gason ak Fi)*, 122.

(19) Berkeley and Alvera Mickelsen, "What Does Kephale Mean in the New Testament?" ("Kisa Kephale vle di nan Nouvo Testaman an?") (*Women, Authority & the Bible*; InterVarsity Press, 1986; Downers Grove, IL; Alvera Mickelsen, ed.). 97-98.

(20) Phillip Barton Payne, "Response" ("Repons"), (*Women, Authority & the Bible*; InterVarsity Press, 1986; Downers Grove, IL; Alvera Mickelsen, ed.). 118.

(21) Groothuis, *Good News for Women* (*Bòn Nouvèl pou Fanm*), 157-158.

(22) J. Lee Grady, *Ten Lies the Church Tells Women (10 Manti Legliz Bay Fi)*, (Charisma House, 2000; Lake Mary, FL). 177.

(23) Stan Gundry, "From *Bobbed Hair, Bossy Wives, and Women Preachers* to *Woman Be Free*: My Story" ("Soti nan *Cheve Kout, Madanm Otoritè ak Fanm Predikatè pou rive nan Liberasyon Fanm*: Istwa Pa m") (*Priscilla Papers*, Volume 19, Issue 2, Christians for Biblical Equality; Minneapolis, MN).

(24) *The Holy Bible (Bib la), Today's New International Version (Habari Mpya leo Kimataifa)*, (Zondervan, 2006; Grand Rapids, MI). xi.

www.ingramcontent.com/pod-product-compliance
Lightning Source LLC
Chambersburg PA
CBHW081242020426
42331CB00013B/3273

9 780974 303178